LES DÉLITS DES FOURNISSEURS

et la

Répression des fraudes aux armées

PAR

RENÉ DECANTE

Président du Tribunal Civil de Bar-sur-Aube, Adjoint à l'Intendance
du Cadre Auxiliaire

EXTRAIT DE LA
Revue du Service de l'Intendance Militaire

PARIS
IMPRIMERIE-LIBRAIRIE MILITAIRE UNIVERSELLE
L. FOURNIER
264, Boulevard Saint-Germain, 264

—

1913

LES DÉLITS DES FOURNISSEURS

et la

Répression des fraudes aux armées

PAR

RENÉ DECANTE

Président du Tribunal Civil de Bar-sur-Aube, Adjoint à l'Intendance
du Cadre Auxiliaire

Extrait de la
Revue du Service de l'Intendance Militaire

PARIS
IMPRIMERIE-LIBRAIRIE MILITAIRE UNIVERSELLE
L. FOURNIER
264, Boulevard Saint-Germain, 264

1913

Les Délits des Fournisseurs

et

la répression des Fraudes aux armées

Par René DECANTE

Président du Tribunal Civil de Bar-sur-Aube, Adjoint à l'Intendance
du cadre auxiliaire

La question que nous nous proposons de traiter ici est une de celles qui doivent préoccuper, au premier chef, le personnel des services administratifs, car les délits commis par les fournisseurs et les fraudes dans les fournitures sont susceptibles de mettre gravement en échec la préparation la plus avisée des ressources nécessaires à l'armée et l'organisation la plus habile du ravitaillement des troupes.

L'histoire nous a trop souvent appris et les souvenirs de nos pères nous ont rapporté le récit des fortunes scandaleuses qui tentent toujours et réussissent parfois à s'édifier, à la faveur des fournitures faites à l'armée. Il y a là, pour des gens avides de s'enrichir, une tentation trop forte pour ne pas solliciter de nombreux délinquants. Sans doute, l'importance considérable des effectifs et la multiplicité des approvisionnements à réaliser peuvent légitimement, par leur chiffre, laisser espérer un gain capable d'attirer les commerçants honnêtes ; mais il y a en outre, pour les autres, l'espoir d'éluder un contrôle qui, rendu déjà très difficile dans le temps de paix, par l'extrême complication d'un service de plus en plus lourd, se relâche forcément à la mobilisation et pendant la période des opérations, à raison de la hâte apportée à l'exécution des services et des contre-temps imprévus dûs à la marche des événements.

Cette hâte et ces à-coups, les founisseurs malhonnêtes et les fraudeurs les escomptent pour en tirer parti.

Voyons à l'aide de quelles armes nous pouvons réprimer leurs agissements.

La répression des fraudes et falsifications appelle tout d'abord à l'esprit la loi généralement connue du 1ᵉʳ août 1905, qui fut votée par un législateur soucieux de protéger la santé publique et d'assurer, au moyen de sanctions énergiques l'honnêteté des transactions commerciales. Cette loi remplaçait, en la matière, avec l'art. 243 du Code pénal, les lois des 10 et 27 mars 1851, 5 mai 1855 et 13 mai 1863.

Elle fut complétée par un décret réglementaire du 31 juillet 1906, et un autre décret du 5 juin 1908 a édicté un règlement d'administration publique pour l'application de la loi, en ce qui concerne les denrées et boissons servant à l'alimentation des armées de terre et de mer (1).

Remarquons que, malgré le titre général de la loi initiale les décrets qui l'ont appliquée, aussi bien celui de 1906 que celui de 1908, qui nous intéresse spécialement, se sont uniquement occupés des fraudes et falsifications en ce qui concerne les *boissons*, les *denrées alimentaires* et les *produits agricoles*.

Ainsi apparaît déjà l'insuffisance de cette législation pour faire face à toutes les fautes contre lesquelle nous voulons réagir, car l'Intendance n'a pas à se préoccuper seulement de l'alimentation des troupes, elle doit aussi assurer d'autres services, et

---

(1) Une circulaire (nº 8) a elle-même complété ce décret le 7 juillet suivant.

l'on sait que l'habillement, par exemple, peut, tout aussi bien que l'alimentation, offrir aux commerçants malhonnêtes la tentation de s'enrichir par des fournitures de mauvaise qualité.

Le législateur n'avait pas attendu la loi de 1905 ni même celles de 1851 et de 1863, pour atteindre les délits dont la répression fait l'objet de notre étude. La date même du Code pénal (1810), et cette circonstance, que personne n'ignore, de l'influence spéciale que Napoléon tint à exercer sur la rédaction de ce code, doivent suffisamment faire penser qu'on n'avait pas oublié d'y édicter des sanctions sévères pour obliger les fournisseurs des armées à remplir leurs engagements ponctuellement et avec probité. C'était l'époque des guerres du Premier Empire où plusieurs de ces fournisseurs avaient édifié des fortunes qui faisaient scandale ; aussi un paragraphe du Livre III du Code qui comprend quatre articles, sous la rubrique « délits des fournisseurs », fut-il spécialement consacré à atteindre les délits, que certaines dispositions placent au rang même des crimes et dont la portée, dépassant celle d'une fraude ordinaire, a souvent, pour l'armée, les conséquences d'une trahison.

Ces dispositions sont toujours en vigueur. Trop souvent méconnues, elles n'en sont pas moins parfois appliquées encore dans la région de l'Est, où l'agglomération des troupes apporte plus fréquemment aux Parquets l'occasion de poursuivre des infractions de cette nature (1).

Des quatre articles du paragraphe consacré aux délits de fournisseurs, un seul, l'art. 433 a trait aux

---

(1) Il est incontestable néanmoins que ces dispositions sont malheureusement trop rarement appliquées. Le dernier compte général de l'administration de la Justice criminelle en France, parvenu ces jours-ci, porte, pour l'année 1910, une seule de ces infractions relevée à la statistique et punie d'une simple peine d'amende.

fraudes proprement dites ; les trois autres se rattachent surtout aux manquements de service.

Il n'est pas sans intérêt toutefois de les rappeler tous ici, à raison de leur étroite connexité avec la matière qui nous occupe et de l'intérêt non moindre qu'ils présentent pour nos fonctions.

Après en avoir exposé le texte et les conditions d'application, nous examinerons rapidement l'économie de la loi de 1905 et des dispositions réglementaires qui s'y rattachent et nous chercherons par quelle application combinée de toutes ces dispositions, nous pouvons plus utilement tenir en échec les fraudeurs.

Tout d'abord, il faut nous expliquer, en quelques mots, sur une controverse qui met en cause le principe même de l'application simultanée de ces textes.

D'après une première opinion, l'art 433, étant réservé aux fournisseurs de l'armée, excluerait pour eux toute autre pénalité prévue pour les fraudeurs de droit commun.

Cette théorie a trouvé à diverses reprises un écho dans la Jurisprudence ; elle a été soutenue notamment, en règle (1), devant la Cour suprême par M. le conseiller Salneuve et a été formellement énoncée dans un arrêt de la Cour de Paris du 9 mai 1893 (2).

Une jurisprudence plus récente (3) admet, au contraire, que, pour les fraudes dans l'armée, le même délit se trouve frappé, à la fois, par l'article du Code pénal et par la loi de 1905. Sans entrer ici dans une discussion juridique assez ardue, disons

---

(1) V. D. P. 72. I. 153 et la note.
(2) D. P. 93. 2. 429.
(3) Voir not. Cass. 31 juillet 1908. D. P. 1909. I. 17 et un arrêt de la Cour de Paris du 4 février 1911, rapporté au *Journal des Parquets*, 1911, n° 3, avec une note très complète de M. le Conseiller Brouchot.

seulement que le dernier système a été implicitement consacré et adopté par le Ministère de la Guerre quand il a fait rendre son décret du 5 juin 1908, qui, sans cela, n'aurait guère de raison d'être. En effet, les infractions que la loi nouvelle permet d'atteindre sont déjà frappées, pour la plupart, par les dispositions concernant les délits de fournisseurs, et, à part la *tentative* de fraude qui n'était pas prévue par l'art. 433, il serait difficile de trouver une nouvelle application pratique du décret, si l'on n'admettait pas que la loi de 1905 doit atteindre les fournisseurs de l'armée comme tous les autres fraudeurs.

C'est là, peut-être, une application critiquable du principe du cumul idéal d'infractions et elle a donné lieu dans la pratique à des conflits de texte.

Mais il nous faut la considérer comme admise maintenant, tout en considérant, néanmoins, qu'aucun texte ne l'a définie d'une façon explicite, que certaines juridictions peuvent la repousser, et, qu'avant d'entamer une poursuite, il faut se préoccuper, avec une extrême prudence, de la qualification qu'il convient de lui donner.

Il faut, tout d'abord, si l'on entend viser le délit de fournisseurs, s'assurer que la partie poursuivie possède bien cette qualité, ainsi qu'elle sera définie plus loin ; il faut, en outre, qu'il ne s'agisse pas d'une tentative, qu'atteint seulement la loi de 1905, mais d'un délit consommé.

Sous ces deux réserves et, sans préjudice de ce qui sera dit plus loin, la poursuite en vertu de l'art. 433 devra, en général, être préférée et l'on devra surtout s'abstenir de s'engager, à la légère, dans la voie de la procédure définie par la loi de 1905, en raison du dangereux art. 8, § 1er de cette loi qui prohibe la disqualification des poursuites commencées sous cette forme (1).

Ces principes rappelés, examinons maintenant les textes eux-mêmes ; l'opportunité de leur application se déduira d'elle-même de leur exposé.

I. — Délits des Fournisseurs

Cette rubrique est, ainsi que nous l'avons dit, celle d'une section (2) du Code pénal, laquelle comprend quatre articles ainsi conçus :

« ART. 430. — Tous individus chargés, comme
« membre de compagnie ou individuellement, de
« fournitures, d'entreprises ou régies pour le
« compte des armées de terre et de mer, qui, sans
« y avoir été contraints par une force majeure,
« auront fait manquer le service dont ils sont char-
« gés, seront punis de la peine de la réclusion, et
« d'une amende qui ne pourra excéder le quart des
« dommages-intérêts, ni être au-dessous de cinq
« cents francs ; le tout sans préjudice de peines
« plus fortes en cas d'intelligence avec l'ennemi.

ART. 431. — Lorsque la cessation du service
« proviendra du fait des agents des fournisseurs,
« les agents seront condamnés aux peines portées
« par le précédent article.

« Les fournisseurs et leurs agents seront égale-
« ment condamnés, lorsque les uns et les autres
« auront participé au crime.

« ART. 432 — Si des fonctionnaires publics ou
« des agents, préposés ou salariés du Gouverne-
« ment, ont aidé les coupables à faire manquer le
« service, ils seront punis de la peine des travaux

---

(1) Art. 8, § 1er de la loi du 1er août 1905 : « Toute poursuite
« exercée en vertu des mêmes textes. »
(2) Liv. III, titre II, chap. II, section II, § 6.

« forcés à temps ; sans préjudice de peines plus
« fortes en cas d'intelligence avec l'ennemi.

« ART. 433. — *Quoique le service n'ait pas*
« *manqué, si, par négligence les livraisons et les*
« *travaux ont été retardés, ou s'il y a eu fraude sur*
« *la nature, la qualité ou la quantité des travaux ou*
« *main d'œuvre ou des choses fournies, les cou-*
« *pables seront punis d'un emprisonnement de six*
« *mois au moins et de cinq ans au plus, et d'une*
« *amende qui ne pourra excéder le quart des dom-*
« *mages-intérêts, ni être moindre de cent francs.*

« *Dans les divers cas prévus par les articles com-*
« *posant le présent paragraphe, la poursuite ne*
« *pourra être faite que sur la dénonciation du Gou-*
« *vernement.* »

Il importe de remarquer le caractère compréhen-
sif et absolu de ces dispositions et, sans doute, on
ne pense pas assez souvent, quand on se heurte à la
mauvaise volonté d'un fournisseur, aux armes
qu'on a sous la main pour l'obliger à assurer l'exécution du service qu'il a entrepris.

Il suffit que, par suite d'une faute quelconque, si
légère soit-elle, le service ait manqué, pour que le
coupable soit atteint par les rigueurs de la loi pénale
et le fonctionnaire, qui a aidé ce coupable à faire
manquer le service, est puni, comme un criminel,
de la peine des travaux forcés.

Les rigueurs de cette législation suffisent peut-
être à expliquer pourquoi on renonce le plus souvent, dans le temps de paix, à faire l'application des
sanctions édictées surtout pour les nécessités d'une
époque remplie par les guerres du Premier Empire.

Mais il importe de rappeler ces textes, qu'une
application intermittente a sauvés de l'abrogation,
et dont la remise habituelle en vigueur s'imposerait
pendant une guerre, pendant la mobilisation et

pour toutes les opérations qui concourent plus ou moins directement à la préparer.

Des trois premiers de ces articles nous ne dirons que peu de chose, car les crimes qu'ils visent sortent du cadre de cette étude.

Rappelons seulement, ici, avec les auteurs, que le crime du fournisseur, qui fait manquer le service, est frappé des peines rigoureuses prévues pour cette faute dont les conséquences sont des plus graves, même si le manquement n'est que partiel, même s'il ne résulte que d'une simple négligence. Sa responsabilité n'est écartée que s'il justifie d'un cas de force majeure l'ayant empêché d'exécuter le service dont il était chargé.

Avec l'article 433, nous rentrons dans le vif de notre sujet.

C'est là que nous allons trouver le fondement même du système de répression qui nous permettra d'atteindre les fraudes dans l'armée avec le plus de sûreté dans la plupart des circonstances.

Rappelons que cet article, cité plus haut, après avoir sanctionné les retards dans les travaux ou livraisons, réprime « toutes les fraudes sur la nature, la qualité ou la quantité des travaux ou main-d'œuvre ou des choses fournies ».

Ainsi, tout ce qui peut vicier les fournitures faites à l'armée à un titre quelconque, alimentation ou habillement notamment, qu'il s'agisse de la nature, de la qualité ou de la quantité, tombe sous le coup de cet article.

Quand nous étudierons, tout à l'heure, le texte de la loi de 1905 sur les fraudes, nous verrons qu'une énumération plus complète et plus savante, vise surtout les différentes modalités par lesquelles un commerçant peut porter préjudice à un autre commerçant, à la faveur d'une livraison malhonnête ; mais, au point de vue qui nous occupe de l'hygiène et du bon entretien de l'armée, nous estimons que l'article 433 du code pénal, qui, dans sa simple et éloquente rédaction, englobe toutes les fraudes sur la nature, la qualité ou la quantité des fournitures, constitue la mesure de protection la plus complète, et peut-être la plus efficace que le législateur ait mise au pouvoir de l'administration de l'armée.

Pour appliquer cette disposition, une seule condition a été imposée par le rédacteur du Code pénal, c'est qu'une dénonciation soit faite par le Gouvernement. C'est là, il faut le reconnaître, la seule restriction fâcheuse qui puisse paralyser, dans une certaine mesure, l'arme la plus utile que le législateur ait mise entre nos mains, pour faire échec à la fraude.

Pourquoi le législateur a-t-il exigé une dénonciation du Gouvernement pour exercer les poursuites ? C'est pour assurer la séparation des pouvoirs entre l'autorité civile et l'autorité militaire (1). Si cette règle n'existait pas, le Ministère public aurait évidemment le droit et le devoir, pour rechercher ces délits et les poursuivre, de s'immiscer continuellement et d'une façon parfois fâcheuse dans l'administration de l'armée.

Mais le législateur a dépassé le but en exigeant une dénonciation du Gouvernement, c'est-à-dire, d'après la jurisprudence de la Cour de cassation, du Ministre lui-même (2).

---

(1) Il serait plus exact de dire « entre l'autorité judiciaire et l'autorité administrative », car l'autorité militaire n'existe pas en droit public. Les expressions que nous empruntons au Code pénal annoté de M. Garçon, et qui sont critiquables au point de vue juridique, nous semblent plus propres à mettre en évidence la préoccupation à laquelle le législateur a obéi, en cette matière.

(2) La jurisprudence de la Cour de cassation est ferme sur ce point. Voir not. un arrêt Hyrvoix du 29 août 1846. D. P.

En effet, en temps de paix, cette procédure peut-être suffisamment pratique, exception faite des cas ou il y aurait lieu de faire procéder à l'arrestation d'un fournisseur ou d'ouvrir une information dont la rapidité est la seule garantie de succès. Mais on conçoit qu'en temps de guerre et même pendant la période préparatoire des hostilités, le recours préalable au Ministre constitue un obstacle sérieux à l'administration d'une bonne et rapide justice. Sans parler des circonstances de guerre où les armées ne pourront plus communiquer avec le Ministre, l'extrême complication des services au moment de la mobilisation et pendant la campagne apportera à l'ouverture d'une poursuite nécessaire et parfois très simple, les retards les plus fâcheux, tout en encombrant les services du ministère, si chargés à ce moment là, d'affaires dont il eut été préférable de laisser l'initiative à des pouvoirs décentralisés.

Actuellement, la règle est absolue, en l'état de la rédaction de l'article 433, et la Cour suprême a jugé, dans une affaire Rousseau, que les préfets maritimes, eux-mêmes, ne pouvaient dénoncer au Parquet les délits prévus et réprimés par cet article.

« Attendu, dit la Cour, que ce préalable, établi
« dans le but que l'exercice intempestif de l'action
« publique contre des fournisseurs, n'entrave
« inopinément un service dont l'exact et régulier
« accomplissement peut être d'un intérêt majeur
« pour l'Etat, rentre dans les attributions du Minis-
« tre, chef suprême de son administration, en qui
« se personnifie le Gouvernement pour les actes
« dépendant de son ministère et qui seul est en
« position d'apprécier à tous les points de vue les

---

46. I. 336., et un arrêt Rousseau du 13 juillet 1860. D. P.
60. I. 362.

« besoins du service de son département et de
« reconnaître si la poursuite peut être introduite
« sans danger.

« Qu'aucune disposition législative ou réglemen-
« taire n'a fait participer les Préfets maritimes à
« l'exercice du pouvoir ministériel en ce point et
« que, dans l'espèce, le préfet maritime de Roche-
« fort agissait sans y avoir été provoqué par le
« Ministre de la Marine ; qu'en supposant donc
« qu'il eut entendu satisfaire par sa lettre du 7
« février à la condition de l'article 433, il aurait
« agi incompétemment.

« Qu'il suit de tout ce qui précède que la pour-
« suite contre Rousseau a été irrégulièrement intro-
« duite... Casse... etc. »

Ainsi, en l'état actuel de la législation et de la
jurisprudence, les Ministres (1) seuls peuvent dénoncer les délits prévus et réprimés par l'article 433.

S'il nous était permis d'émettre un vœu, nous
n'hésiterions pas à demander que le pouvoir de
dénonciation réservé au Ministre fut étendu aux
autorités militaires en général.

Le principe de la séparation des pouvoirs serait
aussi bien respecté que par le passé et l'initiative
de certains chefs pourrait s'exercer utilement d'une
façon plus directe contre les fournisseurs.

Il resterait, évidemment, à déterminer par un
décret réglementaire quels sont les officiers et fonctionnaires militaires à qui pourrait être délégué le
droit de dénonciation jusqu'ici réservé au pouvoir
central. Les officiers généraux et les fonctionnaires

---

(1) C'est aux Ministres de la Guerre et de la Marine qu'il
appartient le plus souvent de faire cet acte de Gouvernement.
Il a été aussi jugé que le Ministre de l'Intérieur avait pu
légalement dénoncer les fraudes commises dans l'exécution
des marchés passés avec une Administration départementale
pour l'équipement en 1870 de Gardes nationaux mobilisés.
Cass., 14 juin 1872 et 14 février 1873. D. P. 1872. I. 153 et
1873. I. 495.

de l'Intendance seraient sans doute désignés pour cette mission. Mais, sans nous attarder davantage à ce vœu, il importe, seulement, pour l'instant, de nous rappeler quelles armes la législation, même en son état actuel, nous donne contre les fournisseurs malhonnêtes dont les agissements peuvent paralyser notre action.

Les *fournisseurs* et les agents qui font manquer un service encourent la réclusion ; les fonctionnaires qui les aident encourent les travaux forcés et les retards et les fraudes sur la nature, la qualité ou la quantité sont frappés, dans leur généralité, d'une peine qui va jusqu'à cinq ans d'emprisonnement, sans préjudice des peines pécuniaires qui peuvent les accompagner.

La poursuite et la répression de ces délits et de ces crimes s'exerce d'après les règles du droit commun sous réserve de l'initiative de la poursuite laissée au Ministre. Ainsi aucune entrave n'existe à la constatation de la fraude, et le commerçant prévaricateur ne peut se retrancher derrière l'inobservation de formalités compliquées comme celles que nous verrons édictées par la loi spéciale sur les fraudes, pour se dérober par des artifices de procédure, aux sanctions qui doivent paralyser ses agissements et servir d'exemple à ses imitateurs.

Tous les moyens institués par le Code d'instruction criminelle pour rechercher les délits et les crimes peuvent être employés en pareille matière ; le procès-verbal, qui sera le plus souvent l'acte de procédure initiale n'est assujetti a aucune autre formalité qu'à celles qui régissent les procès-verbaux ordinaires, et l'on sait qu'il n'y a pas d'autres règles, en pareille matière, que celles relatives à la sincérité, l'authenticité et la précision des faits relevés par l'agent verbalisateur.

Il est inutile de rappeler ici le pouvoir qu'ont les fonctionnaires de l'Intendance d'établir des procès-verbaux concernant les événements qui exigent, sans délai, une constatation authentique. Mis en présence les éléments constitutifs d'un des délits ou des crimes qui nous préoccupent, le fonctionnaire de l'intendance, devra, avant tout, dresser procès-verbal. Cette constatation, avec la garantie qui s'y attache, sera la première base de la poursuite qu'il lui appartiendra à lui ou à ses chefs de provoquer ensuite et qui ne dépendra, pour triompher, que de l'énergie des magistrats du Parquet, libres, en pareille matière, pour établir plus solidement l'inculpation de recourir à tous les modes de preuve du Code d'instruction criminelle, sans aucune restriction.

Une seule remarque doit clore cet exposé de la poursuite du délit de fraude de fournisseur exercée en vertu de l'article 433, c'est qu'il importe de s'assurer de la qualité du coupable, le délit sus-visé ne pouvant être commis que par certaines personnes, limitativement déterminées par le texte. A la vérité, ces personnes sont énumérées par les articles 430 et 431 qui prévoient le crime de manquement de service ; mais l'avis certain des auteurs (1) est que les mêmes personnes peuvent seules être poursuivies pour les délits de retard et de tromperie réprimés par l'article 433. Or, ces personnes peuvent être rangées en deux catégories ; ce sont d'abord : « Tous individus chargés comme membres de compagnie ou individuellement de fournitures, d'entreprises ou régie pour le compte des armées de terre et de mer » : ce sont ensuite (Art. 431) « les agents des fournisseurs ».

(I) Voir not. Garçon. Nouveau Code pénal annoté sous les art. sus-visés n° 36.

Ces expressions très générales semblent avoir été employées à dessein par le législateur. Elles comprennent, en premier lieu, tous ceux qui, soit en leur nom personnel, soit comme gérants de sociétés commerciales, doivent fournir les marchandises ou accomplir un travail pour le compte de l'armée. Peu importe donc que le travail soit fait à l'entreprise où à la régie; il suffit que le coupable soit tenu de l'accomplir dans un intérêt militaire. Quant aux agents des fournisseurs, la jurisprudence a donné de ces expressions l'interprétation la plus large et il a été jugé que, sous cette dénomination générale et absolue, la loi comprend, sans distinction, tous ceux qui participent à un titre quelconque à une fraude dans l'exécution des fournitures militaires, à la seule condition qu'ils aient connu la destination de ces fournitures (1).

Si l'on se trouve exceptionnellement en présence d'un coupable qui échappe à cette définition si compréhensive, forcé sera d'avoir recours, pour l'atteindre, à la procédure de la loi de 1905, dont nous allons parler maintenant.

---

(1) Ainsi ont été tenus pour responsables : 1° Les chefs d'une maison de quincaillerie qui, chargés en vertu d'un traité de gré à gré, de fournir pour le service des hôpitaux militaires trente réservoirs à eau, avaient négligé de vérifier si cette fourniture était conforme au modèle fourni, et avaient été ainsi la cause du retard apporté à la livraison de ces marchandises, par suite de leur refus par l'autorité militaire ; 2° leur employé qui s'était rendu coupable de la même négligence : 3° le fabricant qui, ayant reçu de ces quincailliers la commande de ces réservoirs, sachant qu'ils étaient destinés au service de l'armée, et avec ordre de les fournir semblables au modèle, avait livré des marchandises défectueuses ; — et qui, à la suite d'un premier refus, au lieu de remplacer les réservoirs, comme le fournisseur le lui avait commandé, avait représenté les mêmes, après avoir ordonné de leur faire subir des réparations ; 4° le contremaître de ce fabricant qui, aussi sciemment, avait opéré cette réparation frauduleuse et avait fait disparaître par des manœuvres la marque qui constatait le refus. — Trib. Seine, 22 déce. 1894 (*Journal des Parquets*), 95. 2. 581 ; Paris, 25 février 1895 et Cass. 27 juillet 1895, Allez et autres (B. 222 ; et P. 96. 1. 206).

II. — LA LOI DU 1ᵉʳ AOUT 1905 SUR LA RÉPRESSION DES FRAUDES

On s'était fort ému, dans la Presse et au Parlement de l'extension prise depuis plusieurs années par la fraude qui se généralisait et portait le préjudice le plus grave aux relations commerciales, tout en constituant un danger permanent pour la santé publique. Sous cette poussée d'opinion, le législateur vota la loi du 1ᵉʳ août 1905 qui étend les rigeurs de la législation pénale à toutes les modalités des fraudes et falsifications, élève dans certains cas les peines de l'article 423 du Code pénal et de la loi de 1851 et écarte la possibilité d'application de la loi de sursis en la matière.

Cette loi est intitulée : *Loi du premier août 1905, sur la répression des fraudes dans la vente des marchandises et les falsifications des denrées alimentaires et des produits agricoles* (1).

---

(1) Les quatre premiers articles de la loi sont ainsi conçus :
ARTICLE PREMIER. — Quiconque aura trompé ou tenté de tromper le contractant : Soit sur la nature, les qualités substantielles, la composition et la teneur en principes utiles de toutes marchandises ; soit sur leur espèce ou leur origine lorsque, d'après la convention ou les usages, la désignation de l'espèce ou de l'origine faussement attribuée aux marchandises, devra être considérée comme la cause principale de la vente ; soit sur la quantité de la chose livrée ou sur leur identité par la livraison d'une marchandise autre que la chose déterminée qui a fait l'objet du contrat ; sera puni de l'emprisonnement, pendant trois mois au moins, un an au plus, et d'une amende cent francs au moins, de cinq mille francs au plus ou de l'une de ces deux peines seulement.

ART. 2. — L'emprisonnement pourra être porté à deux ans, si le délit ou la tentative de délit prévus par l'article précédent ont été commis : Soit à l'aide de poids, mesures et autres instruments faux ou inexacts ; soit à l'aide de manœuvres ou procédés tendant à fausser les opérations de l'analyse ou du dosage, du pesage et du mesurage, ou bien à modifier frauduleusement la composition, le poids ou le volume des marchandises, même avant ces opérations ; soit

Cette loi, qui semblait correspondre aux préoccupations du moment en frappant plus durement et plus sûrement la fraude, eut un succès d'estime et rassura l'opinion.

Elle fut complétée par le *Décret du 31 juillet 1906 portant règlement d'administration publique pour l'application de la loi du 1ᵉʳ août 1905 sur la répression des fraudes et falsifications, en ce qui concerne les boissons, les denrées alimentaires et les produits agricoles*; et, plus spécialement, en ce qui nous con-

---

enfin, à l'aide d'indications frauduleuses tendant à faire croire à une opération antérieure et exacte.

Art. 3. — Seront punis des peines portées par l'article premier de la présente loi : 1° Ceux qui falsifieront les denrées servant à l'alimentation de l'homme ou des animaux, des substances médicamenteuses, des boissons et des produits agricoles ou naturels destinés à être vendus ; 2° ceux qui exposeront, mettront en vente ou vendront des denrées servant à l'alimentation de l'homme ou des animaux, des boissons et des produits agricoles ou naturels qu'ils sauront être falsifiés ou corrompus ou toxiques ; 3° ceux qui exposeront, mettront en vente ou vendront des substances médicamenteuses falsifiées ; 4° ceux qui exposeront, mettront en vente ou vendront sous forme indiquant leur destination des produits propres à effectuer la falsification des denrées servant à l'alimentation de l'homme ou des animaux, des boissons et des produits agricoles ou naturels et ceux qui auront provoqué à leur emploi par le moyen de brochures, circulaires, prospectus, affiches, annonces ou instructions quelconques.— Si la substance falsifiée ou corrompue est nuisible à la santé de l'homme ou des animaux, ou si elle est toxique, de même si la substance médicamenteuse falsifiée est nuisible à la santé de l'homme ou des animaux, l'emprisonnement devra être appliqué. Il sera de trois mois à deux ans, et l'amende de cinq cents francs à dix mille francs. — Ces peines seront applicables même au cas où la falsification nuisible serait connue de l'acheteur ou du consommateur. — Les dispositions du présent article ne sont pas applicables aux fruits frais et légumes frais fermentés ou corrompus.

Art. 4 — Seront punis d'une amende de cinquante francs à trois mille francs et d'un emprisonnement de six jours ou moins et de trois mois au plus, ou de l'une de ces deux peines seulement : Ceux qui, sans motifs légitimes, seront trouvés détenteurs dans leurs magasins, boutiques, ateliers, maisons ou voitures servant à leur commerce, ainsi que dans les entrepôts, abattoirs et leurs dépendances et dans les gares ou dans les halles, foires et marchés, — soit de poids ou

cerne, par le *Décret du 5 juin 1908* dont nous avons déjà parlé et qui *porte application de la loi en ce qui concerne les denrées et les boissons servant à l'alimentation des armées de terre et de mer.*

Le principal effet utile de la loi nouvelle fut l'organisation du service remarquable créé au Ministère de l'Agriculture et qui, tant par le fonctionnement de son laboratoire central de premier ordre, que par les inspections actives de fonctionnaires très capables, a pu lutter scientifiquement contre la fraude et la déceler là où elle avait pris l'habitude, jusqu'alors, d'échapper aux investigations.

Au point de vue de la répression la loi de 1905 a-t-elle atteint son but? Il est permis d'en douter. Sans doute, au début quelques exemples sévères ont pu momentanément inquiéter les fraudeurs ; mais ceux-ci se sont ressaisis. Ils ont appris à jouer avec la procédure un peu compliquée de la loi nouvelle et surtout du décret qui l'a appliquée et ils sont bientôt passés maîtres dans l'art de faire échec aux dispositions de la loi.

En effet, en même temps qu'elle élevait les pénalités et à raison même de ses préoccupations d'assu-

---

mesures faux ou autres appareils inexacts servant au pesage ou au mesurage des marchandises ; — soit de denrées servant à l'alimentation de l'homme ou des animaux, de boissons, de produits agricoles ou naturels qu'ils savaient être falsifiés, corrompus ou toxiques ; — soit de substances médicamenteuses falsifiées ; — soit de produits, sous forme indiquant leur destination propres à effectuer la falsification des denrées servant à l'alimentation de l'homme ou des animaux ou des produits agricoles et naturels ; — si la substance alimentaire falsifiée ou corrompue est nuisible à la santé de l'homme ou des animaux ou si elle est toxique, de même si la substance médicamenteuse falsifiée est nuisible à la santé de l'homme ou des animaux, l'emprisonnement devra être appliqué. — Il sera de trois mois à un an et l'amende de cent francs à cinq mille francs. Les dispositions du présent article ne sont pas applicables aux fruits frais et légumes frais fermentés ou corrompus.

rer des sanctions plus rigoureuses, le législateur devait, comme contre-partie, donner aux commerçants soupçonnés le maximum de garanties.

Sans entrer dans le détail de la loi et du décret, rappelons brièvement les articles essentiels qui ont organisé ces garanties.

La loi initiale renvoyait pour le détail, dans son article 11, à des règlements d'administration publique en proclamant seulement, dans son article 12, que les expertises seraient contradictoires.

C'est le décret du 31 juillet 1906 qui a précisé les formalités à accomplir.

Les autorités qui doivent procéder aux prélèvements d'échantillons sont limitativement désignées, et ce prélèvement est réglementé suivant des règles très étroites posées par les articles 5, 6, 7, 8, 9, 10, 12, 13, 14, 15, 17, 18, 19 et 20 (1).

---

(1) ART. 5. — Tout prélèvement comporte quatre échantillons, l'un destiné au laboratoire pour analyse, les trois autres éventuellement destinés aux experts.

ART. 6. — Tout prélèvement donne lieu, séance tenante, à la rédaction sur papier libre d'un procès-verbal. Ce procès-verbal doit porter les mentions suivantes : 1° Les noms, prénoms, qualité et résidence de l'agent verbalisateur ; 2° la date, l'heure et le lieu où le prélèvement a été effectué ; 3° les nom, prénoms, profession, domicile ou résidence de la personne chez laquelle le prélèvement a été opéré. Si le prélèvement a lieu en cours de route, les nom et domicile des personnes figurant sur les lettres de voiture ou connaissements comme expéditeurs et destinataires ; 4° la signature de l'agent verbalisateur. — Le procès-verbal doit, en outre, contenir un exposé succinct des circonstances dans lesquelles le prélèvement a été opéré, relater les marques et étiquettes apposées sur les enveloppes ou récipients, l'importance du lot de marchandises échantillonnée, ainsi que toutes les indications jugées utiles pour établir l'authenticité des échantillons prélevés et l'identité de la marchandise. — Le propriétaire ou détenteur de la marchandise, ou, le cas échéant, le représentant de l'entreprise de transport peut, en outre, faire insérer au procès-verbal toutes les déclarations qu'il juges utiles. Il est invité à signer le procès-verbal ; en cas de refus, mention en est faite par l'agent verbalisateur.

ART. 7. — Les prélèvements doivent être effectués de telle sorte que les quatre échantillons soient autant que possible

Quatre échantillons sont prélevés, avec des précautions multiples et suivant des règles compli-

---

identiques. — A cet effet, des arrêtés ministériels, pris de concert entre le Ministre de l'Agriculture et le Ministre du Commerce, de l'Industrie et du Travail, sur la proposition de la Commission permanente, déterminent pour chaque produit et marchandise, la quantité à prélever, les moyens à employer pour obtenir des échantillons homogènes, ainsi que les précautions à prendre pour le transport et la conservation de ces échantillons.

ART. 8. — Tout échantillon prélevé est mis sous scellés. Ces scellés sont appliqués sur une étiquette composée de deux parties pouvant se séparer et être ultérieurement rapprochées, savoir : 1° Un talon qui ne sera enlevé que par le chimiste au laboratoire après vérification du scellé. Ce talon ne doit porter que les indications suivantes : nature du produit, dénomination sous laquelle il est mis en vente, date du prélèvement et numéro sous lequel les échantillons sont enregistrés au moment de leur réception par le service administratif : 2° un volant qui porte ces mêmes mentions, mais où sont inscrits, en outre, les noms et adresses du propriétaire ou détenteur de la marchandise, ou, en cas de prélèvement en cours de route, ceux des expéditeurs et destinataires. Ce volant est signé par l'auteur du procès-verbal.

ART. 9. — Aussitôt après avoir scellé les échantillons, l'agent verbalisateur, s'il est en présence du propriétaire ou détenteur de la marchandise, doit le mettre en demeure de déclarer la valeur des échantillons prélevés. Le procès-verbal mentionne cette mise en demeure et la réponse qui a été faite. Un récépissé d'un livre à souche est remis au propriétaire ou détenteur de la marchandise. Il y est fait mention de la valeur déclarée. En cas de prélèvement en cours de route, le représentant de l'entreprise de transport reçoit, pour sa décharge, un récépissé indiquant la nature et la quantité des marchandises prélevées.

ART. 10. — Le procès-verbal et les échantillons sont, dans les vingt-quatre heures, envoyés par l'agent verbalisateur à la Préfecture du département où le prélèvement a été effectué; et, à Paris ou dans le ressort de la Préfecture de police, au Préfet de police. Toutefois, en vue de faciliter l'application de la loi, des décisions ministérielles pourront autoriser l'envoi des échantillons aux sous-préfectures ou à tout autre service administratif. Le service administratif qui reçoit ce dépôt l'enregistre, inscrit le numéro d'entrée sur les deux parties de l'étiquette que porte chaque échantillon, et, dans les vingt-quatre heures, transmet l'un des échantillons au laboratoire dans le ressort duquel le prélèvement a été effectué. Le talon seul suit l'échantillon au laboratoire. Le volant, préalablement détaché, est annexé au procès-verbal. Les trois autres échantillons sont conservés par la sous-préfecture. Toutefois, si la nature des denrées ou produits exige des

quées, déterminées pour chaque nature de produit;
un procès-verbal est rédigé et les échantillons pré-

---

mesures spéciales de conservation, les quatre échantillons
sont envoyés au laboratoire, où ces mesures sont prises, con-
formément aux arrêtés ministériels prévus à l'article 7. Dans
ce cas, les quatre volants sont détachés des talons et annexés
au procès-verbal.

ART. 12. — Des arrêtés ministériels pris de concert entre
le Ministre de l'Agriculture et le Ministre du Commerce, de
l'Industrie et du Travail, déterminent le ressort des laboratoires admis à procéder à l'analyse des échantillons. Pour
l'examen des échantillons, les laboratoires ne peuvent employer que des méthodes indiquées par la Commission permanente. Ces analyses sont à la fois d'ordre qualificatif et
quantitatif. L'examen comprend notamment les recherches
microscopiques, spectroscopiques, polarimétriques, réfrac-
tométriques, cryoscopiques susceptibles de fournir des indications sur la pureté des produits ; la recherche des antisep-
tiques et des colorants étrangers. Ces méthodes sont décri-
tes en détail par des arrêtés pris de concert entre le Ministre
de l'Agriculture et le Ministre du Commerce, de l'Industrie
et du Travail, après avis de la Commission permanente.

ART. 13.— Le laboratoire qui a reçu pour analyse un échantillon dresse, dans les huit jours de la réception, un rapport
où sont consignés les résultats de l'examen et des analyses
auxquelles cet échantillon a donné lieu. Ce rapport est
adressé au Préfet du département d'où provient l'échantillon ; à Paris et dans le ressort de la Préfecture de police, le
rapport est adressé au Préfet de police.

ART. 14. — Si le rapport du laboratoire ne révèle aucune
infraction à la loi du 1er août 1905, le Préfet en avise sans
délai l'intéressé. Dans ce cas, si le remboursement des échantillons est demandé, s'il opère, d'après leur valeur au jour
du prélèvement, aux frais de l'Etat, au moyen d'un mandat
délivré par le Préfet sur présentation du récépissé prévu
à l'article 9.

ART. 15. — Dans le cas où le rapport du laboratoire signale
une infraction à la loi du 1er août 1905, le Préfet transmet
sans délai ce rapport au Procureur de la République. Il y
joint le procès-verbal et les trois échantillons réservés. S'il
s'agit de vins, bières, cidres, alcools ou liqueurs, avis doit
être donné par le Préfet au Directeur des Contributions indi-
rectes du département.

ART. 17. — Le Procureur de la République informe l'auteur présumé de la fraude qu'il est l'objet d'une poursuite. Il
l'avise qu'il peut prendre communication du rapport du
Directeur du laboratoire et qu'un délai de trois jours francs
lui est imparti pour faire connaître s'il réclame l'expertise
contradictoire prévue à l'article 12 de la loi du 1er août 1905.

ART. 18. — S'il y a lieu à expertise, il est procédé à la

levés sont envoyés, avec des pièces comptables, au laboratoire officiel où un premier examen est opéré (1).

Si cet examen révèle une fraude, le parquet est saisi par l'envoi du procès-verbal et des trois échantillons réservés. Le Procureur de la République avise l'auteur de la fraude qu'il est l'objet d'une poursuite et l'invite à prendre connaissance du rapport. Dans les trois jours, le délinquant fait connaître s'il réclame l'expertise prévue par l'article 12 de la loi, les experts sont désignés sur des listes dressées d'avance ; ils opèrent à leur gré ensemble

nomination de deux experts, l'un désigné par le juge d'instruction, l'autre par la personne contre laquelle l'instruction est ouverte. Celle-ci a toutefois le droit de renoncer à cette désignation et de s'en rapporter aux conclusions de l'expert désigné par le juge. Les experts sont choisis sur les listes spéciales de chimistes experts dressées, dans chaque ressort, par les cours d'appel ou les tribunaux civils. L'inculpé pourra toutefois choisir son expert sur les listes dressées par la Cour d'appel ou le Tribunal civil du ressort d'où il aura déclaré que provient la marchandise suspecte.

Art. 19.— Chaque expert est mis en possession d'un échantillon. Le juge d'instruction donne communication aux experts des procès-verbaux de prélèvement, ainsi que des factures, lettre de voiture, pièces de régie, et, d'une façon générale, de tous les documents que la personne mise en cause a jugé utile de produire ou que le juge s'est fait remettre. Aucune méthode officielle n'est imposée aux experts. Ils opèrent à leur gré, ensemble ou séparément, chacun d'eux étant libre d'employer les procédés qui lui paraissent le mieux appropriés. Leurs conclusions sont formulées dans des rapports qui sont déposés dans le délai fixé par l'ordonnance du juge.

Art. 20. — Si les experts sont en désaccord, ils désignent un tiers expert pour les départager. A défaut d'entente pour le choix de ce tiers expert, il est désigné par le Président du Tribunal civil. Le tiers expert peut être choisi en dehors des listes officielles.

(1) Les quatre échantillons sont envoyés au service administratif départemental, en général à la Préfecture (quelquefois à la Sous-Préfecture ou même à la Mairie). Seulement pour les produits de charcuterie, les quatre échantillons sont envoyés, 8, boulevard des Invalides, à Paris, au Laboratoire spécial, qui possède le frigorifique indispensable.

ou séparément après avoir été régulièrement mis en possession des échantillons réservés à chacun d'eux ; s'ils sont en désaccord, il y a lieu à tierce expertise, et si de cette dernière résulte la confirmation des conclusions du laboratoire administratif primitivement saisi, alors seulement, l'inculpé est renvoyé en police correctionnelle par l'ordonnance du juge d'instruction (1). Là encore, comme en toute matière de nouveaux retards peuvent être apportés par les nouvelles mesures d'avant faire droit sollicitées, sinon obtenues par l'inculpé, par les défauts que le délinquant laisse prendre et la série des voies de recours qui lui sont ouvertes.

Sans parler de ces dernières longueurs inévitables, quel que soit le délit poursuivi, on conçoit facilement le retard que la procédure créée par la loi de 1905 et le décret de 1906, apporte non seulement à la solution d'une affaire, mais même à la comparution d'un délinquant en police correctionnelle.

Les fraudeurs avisés ont eu bien soin, d'ailleurs, de ne pas laisser échapper les moyens trop commodes que la loi leur laisse de retarder le châtiment, sinon d'essayer d'atteindre l'impunité. Je ne puis citer, ici, tous les moyens employés.

Certains experts que des tribunaux ont imprudemment portés sur les listes, se sont fait une clientèle de fraudeurs et c'est sur leurs noms, trop souvent, que se porte le choix, laissé au commerçant poursuivi, par l'article 18 du décret. Quand l'analyse de l'échantillon laisse comprendre à cet homme de l'art

---

(1) Il faut bien noter que l'analyse du Laboratoire administratif n'a ici, tout au plus, que la valeur d'une indication pour les magistrats. Quand les deux co-experts sont d'un avis opposé, c'est au tiers expert choisi en dernier lieu qu'incombe la mission de les départager en disant s'il y a infraction ou non .

que la fraude est manifeste, le premier moyen employé est de différer *sine die* le dépôt de son rapport. J'ai personnellement expérimenté, dans un grand parquet des environs de Paris, combien il est difficile à un juge d'instruction de vaincre l'inertie de l'expert, en pareille matière. Les sanctions de la loi font défaut. Il faut compter, d'autre part, avec les pertes d'échantillons et les irrégularités administratives, qu'il n'est pas rare de voir apparaître au cours d'une procédure longue et compliquée et dont le prévenu ne manque pas de se prévaloir.

En définitive, le but que la loi s'est proposé est trop souvent manqué ; car si la fraude est plus scientifiquement définie et les sanctions parfois plus rigoureuses, la répression n'est pas toujours mieux assurée en raison des échappatoires plus faciles. Au point de vue même de l'élévation des peines, les tribunaux sont revenus en partie à leur ancienne jurisprudence et hésitent maintenant, à appliquer des pénalités élevées.

Cet exposé fait suffisamment apparaître combien l'application de la loi de 1905 permet difficilement à l'administration de la Guerre d'atteindre les fraudeurs et de faire les exemples rapides, si utiles en cette matière.

Je dois, néanmoins, pour être complet, résumer la teneur du décret du 5 février 1908 rendu pour l'application de la loi de 1905 aux armées de terre et de mer.

Ce décret a d'abord désigné un certain nombre de fonctionnaires des armées de terre et de mer qui ont qualité pour prélever des échantillons.

Indépendamment des autorités et agents énumérés à l'article 2 du décret du 31 juillet 1906, ont qualité pour opérer des prélèvements sur les denrées et boissons ci-dessus définies :

« Pour l'armée de terre, les fonctionnaires du contrôle de l'armée, les fonctionnaires de l'intendance militaire, les médecins militaires, les vétérinaires militaires, les officiers préposés aux approvisionnements et distributions de vivres ;

« Pour l'armée de mer, les contrôleurs de l'administration de la Marine, les commissaires de la Marine, les médecins de la Marine, les manutentionnaires.

Les fonctionnaires militaires et les officiers énumérés à l'article ci-dessus n'ont qualité pour concourir à l'exécution de la loi du 1er août 1905 qu'à l'occasion de l'exercice de leurs fonctions.

Les prélèvements opérés par eux doivent être effectués en présence du fournisseur ou de son représentant, ou lui dûment appelé. Ils portent :

« 1° Sur les marchandises au moment de leur présentation pour livraison ;

« 2° Sur les marchandises approvisionnées dans les magasins militaires ou de la Marine ;

« 3° Sur les denrées et boissons consommées ou approvisionnées dans les cantines des corps de troupes, services et établissements militaires.

Au point de vue de la marche des opérations, ce décret apporte au décret de 1906, les indications complémentaires ci-après ·

« ART. 5. —Lorsque le rapport du laboratoire chargé de l'analyse ne révèle aucune infraction à la loi du 1er août 1905, le Préfet en avise, suivant le cas, le Commandant de corps d'armée, le Gouverneur militaire de Paris ou le Préfet maritime.

« ART. 6. — Dans le cas où le rapport du laboratoire signale une infraction à la loi du 1er août 1905, le Préfet en informe, immédiatement, l'autorité militaire ou maritime intéressée, et l'avise que le procès-verbal et les échantillons réservés sont transmis au Procureur de la République.

« ART. 8. — Les Préfets adressent périodiquement aux autorités militaires et maritimes un extrait des rapports des laboratoires rendant compte du nombre des échantillons analysés pour les services des armées de terre et de mer ainsi que du résultat de ces analyses, ils signalent les nouveaux procédés de fraude révélés par l'examen des échantillons ».

Ajoutons qu'une circulaire du 7 juillet de la même année a donné de nouvelles instructions aux agents ordinaires de prélèvement pour aider les autorités militaires dans l'accomplissement de leur mission (1).

---

(1) Voici le texte de cette circulaire :

Intervention des agents du service des prélèvements pour la répression des fraudes portant sur les denrées et boissons servant à l'alimentation des armées de terre et de mer. — Un décret, en date du 5 juin 1908, a complété celui du 1er août 1905, sur la répression des fraudes dans la vente des marchandises et des falsifications des denrées alimentaires et des produits agricoles.

La recherche et la constation des infractions appartenait, d'après l'article 2 du décret du 31 juillet 1906, uniquement aux autorités civiles désignées audit article ; le décret du 5 juin 1908 a pour but de donner aux représentants de l'administration de la Guerre et de la Marine, énumérés à l'article 2 dudit décret, des pouvoirs semblables, en ce qui concerne l'application de la loi du 1er août 1905, aux denrées et boissons servant à l'alimentation des armées de terre et de mer. Ce dernier règlement ne vous retire cependant pas le pouvoir que vous tenez du décret du 31 juillet 1906 pour rechercher et constater les infractions à la loi sur les produits dont il s'agit ; aussi pourrez-vous encore intervenir.

Mais cela ne se produira qu'exceptionnellement, car les administrations de la Guerre de la Marine ont maintenant la possibilité d'agir sans votre concours. Lorsque votre intervention sera, néanmoins, demandée par un chef de corps ou de détachement ou par le commandant d'un navire de l'Etat, vous procéderez aux constatations et prélèvements dans les formes habituelles, prescrites par le décret du 31 juillet 1906.

Lorsque sans y avoir été invité par l'une des autorités désignées par l'alinéa précédent, qui seules ont qualité à cet

Ces mesures parfont une organisation qui, théoriquement, est évidemment très complète au point de vue de la répression de la fraude dans l'armée. Je n'ai pas craint de montrer combien dans la pratique, ce système est loin de réaliser l'idéal.

Est-ce dire qu'il faille négliger les moyens d'action et de répression que la loi de 1905 et les décrets réglementaires qui la suivent, mettent au service de l'administration de l'armée? Evidemment non.

Nous pensons, au contraire, que lorsque des fraudes d'une certaine nature se généralisent, lorsqu'elles sont consommées d'une façon habituelle et d'une manière scientifique, l'organisation actuelle du service de la répression des fraudes permet de les atteindre plus sûrement. L'administration militaire sera, comme les autres victimes, mieux protégée qu'elle ne l'eut été auparavant, et elle ne devra pas hésiter à procéder en conformité de la loi de 1905, quand il lui sera juridiquement

---

effet, vous serez amenés à opérer dans une caserne, ou un établissement militaire ou maritime, ou à bord d'un navire de l'Etat, un prélèvement sur des boissons ou des denrées alimentaires, vous devrez, préalablement, demander au chef de corps ou de détachement ou au commandant du navire l'autorisation de pénétrer, pour cet objet, dans ledit établissement ou navire.

Je vous signale que, dans le cas où vous auriez à opérer, dans les mêmes lieux, un prélèvement en vertu d'ordres émanant de l'autorité judiciaire, vous devriez également vous munir, au préalable, d'une semblable autorisation, qui ne saurait d'ailleurs vous être refusée, après l'accomplissement des formalités prescrites par l'article 90 du Code de justice militaire pour l'armée de terre ou par l'article 120 du Code de justice militaire pour l'armée de mer.

Sous cette réserve (ne pénétrer dans les casernes et établissements militaires ou maritimes ou à bord des navires de l'Etat en vue de la répression des fraudes sur les boissons et denrées alimentaires, qu'après y avoir été invités par le chef de corps ou de détachement, ou par le chef de l'établissement ou par le commandant du navire, ou autorisé par lui), rien n'est donc changé par le décret du 5 juin 1908 aux conditions dans lesquelles vous avez été appelé jusqu'ici à rechercher et constater les infractions à la loi.

possible de le faire, s'exposant seulement à des lenteurs de répression, qui, en temps de paix, n'auront qu'un inconvénient relatif.

A l'heure de la mobilisation et pendant la durée des opérations de guerre, il est manifeste que cette procédure sera d'une application peu pratique et il importe même de recommander aux autorités militaires de ne pas l'engager témérairement car, d'après les dispositions de l'article 8 que nous avons cité plus haut, la poursuite intentée sur ces bases, ne permettant pas une disqualification, n'aurait d'autre effet que d'assurer l'impunité au coupable.

Réservons-en pratiquement l'application, à ce moment là, au cas de tentative de délit qui échappe encore aux dispositions de l'article 433 et considérons que ce dernier texte, malgré ses imperfections, constitue encore, en l'état, la meilleure arme que nous ayons pour atteindre et réprimer les fraudes dans les fournitures militaires (1).

---

(1) Il ne faudrait pas se méprendre sur la portée de notre étude critique de la législation de 1905. Sans revenir sur l'organisation si bien conçue du Service de la répression des fraudes, auquel elle a donné naissance et dont les recherches pratiques font l'admiration de tous ceux qui l'ont vu fonctionner de près à un titre quelconque, il est incontestable que les décrets réglementaires mêmes, rendus pour l'exécution des magistrats qui seraient appelés à juger les fraudeurs de ce qui ne l'est pas : ces textes peuvent édifier la conviction des magistrats qui seraient appelés à juger les fraudeurs poursuivis en vertu des divers textes que nous étudions, soit dans les tribunaux ordinaires, soit dans les cours martiales dont nous nous occuperons plus loin. La législation nouvelle a permis d'élever la reconnaissance de la fraude à la hauteur d'une science ; la recherche rationnelle et méthodique des procédés de falsification s'est développée sous son impulsion, donnant des résultats qui défient toute critique.
Mais, il ne suffit pas de découvrir la fraude, il faut la réprimer. C'est au point de vue de la répression qu'il nous a semblé indispensable d'attirer l'attention de nos camarades de l'armée sur les dangers de la procédure nouvelle, qui laisse passer trop souvent par ses mailles les fraudeurs avertis. Il importait d'insister sur la prudence avec laquelle il convient de s'engager dans la voie compliquée organisée par la loi

III. — La Répression des Fraudes dans le Code de Justice militaire

Le pire inconvénient de l'article 433 est, nous l'avons vu, que, dans la plupart des circonstances de guerre, il sera difficile, sinon impossible, d'obtenir, tout au moins rapidement, du Ministre la dénonciation indispensable pour mettre l'action publique en mouvement.

Le Code de justice militaire va nous fournir quelques moyens de fortune qui nous permettront souvent, dans les armées mobilisées, d'atteindre les coupables que nous recherchons et de les déférer aux juridictions qui fonctionneront dans ces formations, faisant ainsi la prompte et exemplaire justice qu'exige la situation.

Tout d'abord, il nous faut, pour compléter le tableau d'ensemble des dispositions pénales que nous avons entrepris, mentionner la disposition qui, à l'exclusion des textes précités, est applicable à tout militaire coupable d'une falsification. C'est l'article 265 du code de justice militaire qui est ainsi conçu :

« Est puni de la réclusion tout militaire, tout
« administrateur ou comptable militaire qui fal-
« sifie ou fait falsifier des substances, matières, den-
« rées ou liquides confiés à sa garde ou placés sous
« sa surveillance ou qui, sciemment, distribue ou
« fait distribuer lesdites substances, matières, den-
« rées ou liquides falsifiés.

« La peine de la réclusion est également pronon-

---

de 1905 et le décret de 1906 ; la pratique judiciaire révèle les dangers d'une poursuite téméraire intentée sur ces bases et les lenteurs, qu'une telle poursuite implique toujours, présente souvent, à l'armée, des inconvénients particulièrement graves. Il était utile de rappeler qu'il existe contre les délits commis par les fournisseurs militaires d'autres textes d'une application plus rapide et plus simple.

« cée contre tout militaire, tout administrateur ou
« comptable militaire qui, dans un but coupable
« distribue ou fait distribuer des viandes prove-
« nant d'animaux atteints de maladies contagieu-
« ses, ou des matières, substances, denrées ou
« liquides corrompus ou gâtés.

« S'il existe des circonstances atténuantes, la
« peine de réclusion est réduite à celle de l'empri-
« sonnement d'un an à cinq ans, avec destitution
« si le coupable est officier. »

Ce texte ne parle que de « falsifications » et non
pas de « fraudes », et il ne faut pas s'en étonner,
car il ne s'adresse qu'à des militaires qui sont dis-
tributeurs et non pas fournisseurs et, partant, ne
peuvent guère commettre que des falsifications.
Mais, en pratique, et au point de vue qui nous
occupe, l'altération des denrées livrées à la troupe
sera toujours facilement réprimée par cet article,
qui, statuant de *eo quod plerumque fit*, ne s'est pas
embarrassé de subtilités. Sous la forme concise et
compréhensive, qui caractérise la rédaction du Code
de justice militaire, ce texte nous permettra évidemment d'atteindre la plupart des délits et des
crimes qui font l'objet de cette étude quand ils
seront commis par des militaires seuls.

Donc, en temps de guerre comme en temps de
paix, il sera toujours aisé de poursuivre le coupable
quand il appartiendra à l'armée. Mais il y a plus ;
cet article va nous permettre de poursuivre les fournisseurs civils qui auront partagé la culpabilité du
militaire, dans les circonstances de guerre qui seront
précisément celles où des difficultés de communication avec le Ministère rendraient inapplicable l'article 433 du Code pénal.

Le Code de Justice militaire dispose, en effet,
dans son article 77 que lorsque la poursuite d'un
crime ou d'un délit comprend des individus non

justiciables des tribunaux militaires et des militaires ou autres individus justiciables de ces tribunaux, tous les prévenus indistinctement sont traduits devant les tribunaux militaires.

. . . .

« 2° *S'il s'agit de crimes ou de délits commis* « *par des justiciables des conseils de guerre et par* « *des étrangers ;*

« 3° *S'il s'agit de crimes ou de délits commis* « *aux armées en pays étranger ;*

« 4° S'IL S'AGIT DES CRIMES OU DES DÉLITS COM- « MIS A L'ARMÉE, SUR LE TERRITOIRE FRANÇAIS, EN « PRÉSENCE DE L'ENNEMI ».

Il est impossible de trouver une formule plus compréhensive, tant à l'égard des personnes qu'à l'égard des circonstances de fait et l'on comprend tout le parti que l'on peut tirer de cette disposition. Dans une affaire de cette nature, quand l'aide ou l'assistance consciente d'un seul militaire, quelque modeste que soit son grade, sera révélée à côté des agissements du fournisseur, celui-ci et tous ses complices civils seront déférés aux juridictions d'exception des armées, avec la procédure simplifiée des tribunaux militaires.

Une autre disposition permettra d'atteindre de la même manière et d'une façon plus absolue encore, certaines personnes vivant sur l'armée en dehors même de toute collusion avec un militaire.

L'article 62, § 3, dispose, en effet :

Sont justiciables des conseils de guerre aux armées :

« 3° Les vivandiers, cantiniers et cantinières, « les blanchisseuses, les marchands, les domesti- « ques et autres individus à la suite de l'armée *en* « *vertu de permissions.* »

C'est la totalité des marchands ou préposés des fournisseurs qui, à raison même de leurs livraisons habituelles à la troupe, devront se munir d'une permission pour accompagner l'armée, qui sont englobés dans cette disposition d'une grande portée pratique.

Donc en temps de guerre, alors que les répressions normales, deviennent plus difficilement applicables, le Code de justice militaire nous donne le moyen de frapper la fraude et les falsifications à l'aide de la seule procédure pratique et efficace, qui convient à la situation.

Quelle sera, en pareil cas la peine appliquée ;

Les articles 196 et 197 disposent à cet égard :

« ART. 196. — Dans les cas prévus par les arti-
« cles 76, 77, 78 et 79 du présent code, le tribunal
« compétent applique aux militaires et aux indivi-
« dus appartenant à l'armée de mer les peines pro-
« noncées par les lois maritimes, et à tous autres
« individus les peines prononcées par les lois ordi-
« naires, à moins qu'il n'en soit autrement ordonné
« par une disposition expresse de la loi ».

« ART. 197. — Dans les mêmes cas, si les indi-
« vidus non militaires et non assimilés aux mili-
« taires sont déclarés coupables d'un crime ou d'un
« délit non prévu par les lois pénales ordinaires, ils
« sont condamnés aux peines portées par le pré-
« sent code contre ce crime ou ce délit.

« Toutefois les peines militaires sont remplacées
« à leur égard ainsi qu'il suit :

« 1° La dégradation militaire prononcée comme
« peine principale, par la dégradation civique.

« 2° La destitution et les travaux publics, par
« un emprisonnement d'un an à cinq ans. »

Les juridictions chargées d'appliquer les peines

pourront éprouver un certain embarras. D'abord ces deux articles ne visent que l'article 77 prévoyant le cas des co-auteurs et oublient de mentionner l'article 62, applicable à tous les individus munis de permission.

D'autre part on peut se demander si les peines prévues par l'art. 433 du Code pénal, aussi bien que celles de la loi de 1905, peuvent être appliquées sans les formalités déterminées par ces textes.

Les coupables retomberaient, alors en vertu de l'article 197, sous le coup des dispositions de l'article 265 du code de justice militaire.

Nous inclinons à penser qu'aucun obstacle de droit ne s'opposerait à l'application des peines de l'article 433.

La formalité de la dénonciation ministérielle manquerait, évidemment, mais les dispositions de l'article 196, en permettant d'appliquer aux prévenus civils poursuivis devant les conseils de guerre, les peines de droit commun, n'en a pas moins affranchi ces poursuites de toutes les formalités de l'instruction criminelle ordinaire.

Celle qui doit, en l'espèce, précéder la mise en œuvre de l'action publique, nous semble devoir fléchir comme les autres, étant donné d'ailleurs que l'esprit de cette disposition, qui tend à maintenir la séparation des pouvoirs, n'est aucunement violé.

D'ailleurs les tribunaux militaires apprécieront. Il nous suffit qu'une peine soit appliquée ; laissons le choix de cette peine à leur prudence, si tant est qu'à l'heure ou leur juridiction s'exercera, on s'attarde, comme nous le faisons ici, à des subtilités juridiques.

En résumé, malgré quelques imperfections que nous nous sommes permis de signaler, la législation actuelle nous permet d'exercer une répression suffisante des délits et des crimes de fraudes et falsifications commis au préjudice de l'armée.

Les dispositions anciennes du Code pénal sur les délits de fournisseurs constituent encore l'arme la plus complète et la mieux appropriée à toutes les poursuites, tout au moins dans la plupart des circonstances du temps de paix.

La loi de 1905 sera surtout la ressource dans le cas de tentative de délit non consommé qui avait échappé aux prévisions du législateur de 1810 ; la recherche savante de la fraude qu'elle a organisée, fournira, en tout cas, la documentation la plus utile à ceux qui ont pour mission de la déceler (1).

En temps de guerre, c'est sur le Code de Justice militaire qu'il faudra surtout s'appuyer pour exercer des poursuites efficaces et exemplaires. Peut-être pourrait-on souhaiter que la juridiction des tribunaux militaires fut étendue, à l'heure de la mobilisation, à tous les fournisseurs de l'armée sans aucune restriction. Mais, même en l'état actuel de la loi, il sera le plus souvent facile d'arrêter la fraude et de punir la falsification, au moment précis où elle se manifestera par la livraison des denrées aux soldats dont l'existence nous est confiée.

Juin 1913.

---

(1) Cette conclusion restrictive, en ce qui concerne l'emploi de la procédure créée par la loi de 1905 et le décret de 1906, pourra paraître trop absolue. Nous avons dû résumer, dans ces brèves conclusions, les principes généraux que nous nous sommes efforcés de dégager de cette étude. Mais il est incontestable que l'Administration de l'armée devra recourir aux formes nouvelles, dans tous les cas délicats, ne requérant pas célérité, où la détermination de la fraude mettra en jeu des questions techniques, nécessitant un concours scientifique éclairé. Nous ne pouvons que nous référer, à cet égard, à nos précédentes notes.

Imp.-Libr. Militaire Universelle, L. FOURNIER, 264, boul. Saint-Germain, Paris.